Volar en el cielo

por Layne deMarin

I0867657

Tabla de contenidos

Consultora:
Adria F. Klein, Ph.D.
California State University, San Bernardino

capstone classroom
Heinemann Raintree • Red Brick Learning
division of Capstone

Como los pájaros

Hace mucho tiempo, las personas se pararon en la tierra, mirando hacia arriba para observar cómo volaban los pájaros y desearon poder hacerlo también. Parecía ser una forma de viajar maravillosa. Las personas deseaban poder elevarse en el aire como hacían los pájaros. Entonces, empezaron a trabajar para hacer máquinas voladoras.

A los chinos ya se les habían ocurrido las primeras máquinas voladoras hacía cientos de años cuando inventaron las cometas. Las cometas de muchos colores y diseños se elevaban en el aire igual que los pájaros. Sin embargo, los humanos seguían pegados en la tierra, sólo mirando.

En el aire

Entonces a alguien se le ocurrió la idea de construir alas grandes para los humanos. Las alas eran parecidas a las de los pájaros y se agitaban como ellas, pero no funcionaron. Aparentemente, los humanos tendrían que inventar alguna otra manera para despegar del suelo.

Dos hermanos de Francia tuvieron la idea de construir otra clase de máquina voladora. Mientras miraban cómo ardía el fuego, vieron que el calor de las llamas levantaba pedacitos de papel en el aire. Usaron esta idea para inventar el **globo de aire caliente**.

Finalmente, los globos de aire caliente llevaron a las personas al aire, pero solamente podían flotar con el viento. Era imposible dirigir un globo de aire caliente. Por eso, a otros inventores se les ocurrió una máquina llamada **planeador**.

Ahora las personas podían volar adonde quisieran ir. Pero aún había algunos problemas. En primer lugar, los planeadores se estrellaban con frecuencia. Todavía hacía falta una clase diferente de máquina voladora.

La idea de los Wright

Finalmente, dos hermanos de los Estados Unidos acertaron. Wilbur y Orville Wright tenían una tienda de bicicletas. A ellos les gustaba fabricar máquinas. Ellos estaban especialmente interesados en fabricar una máquina que pudiera volar.

Empezaron con un planeador al que luego le hicieron unos cambios. Hicieron que fuera más fácil dirigirlo con cables que sujetaron a las alas. Además, fabricaron un motor que le pusieron al planeador para darle más potencia.

A su nueva máquina la llamaron el *Flyer* de los hermanos Wright. En diciembre de 1903, probaron su nuevo invento. El *Flyer* voló durante 12 segundos. Los hermanos Wright habían hecho volar el primer **avión**.

Ese corto vuelo probó que era posible que las personas volaran. Ellos empezaron a trabajar en aviones más grandes y mejores. Calcularon cómo se podría construir aviones que permanecieran en el aire más tiempo y que fueran más veloces.

Nuevas maneras de volar

El **helicóptero** se diseñó para despegar del suelo en forma vertical. La gran mayoría de los aviones no puede hacer eso. Los helicópteros también pueden volar hacia atrás. Los aviones tampoco pueden hacer eso. Un helicóptero es muy útil en misiones de rescate.

Los aviones a chorro tienen motores muy potentes. Pueden volar mucho más rápido que los aviones con motores de hélice. Los aviones a chorro llevan a las personas adonde vayan más rápido que nunca.

Pero son muy pocos los que vuelan verdaderamente lejos y verdaderamente rápido. Son los que van al espacio exterior en cohetes. Finalmente, con todas estas máquinas voladoras, las personas pueden ir más rápido, más lejos y más alto que lo que cualquier pájaro jamás soñó.

Glosario

avión máquina voladora con un motor y alas

globo de aire caliente máquina voladora que es un gran globo de tela que se llena de aire caliente; tiene una cesta debajo para llevar pasajeros

helicóptero máquina voladora con hélice en la parte superior y cola en la posterior

planeador máquina voladora con alas y sin motor

Índice